1-1 교과서와 친해지는

단 원별 단 계별

받아쓰기

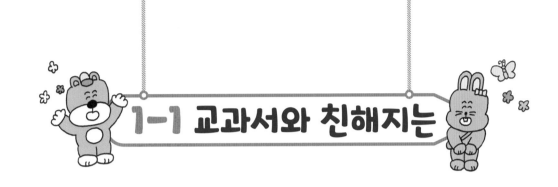

1-1 교과서와 친해지는

단원별 단단 계별

윤희솔·박은주 지음
나인완 그림

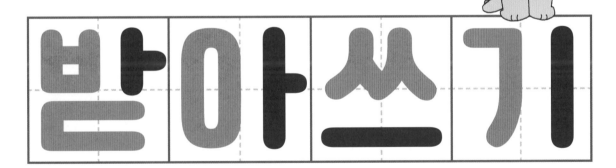

받아쓰기

국어 교과서 연계 150문장 단원별 수록 ＋ 읽기-어휘-쓰기 STEP 1~5 단계별 구성

물주는아이

받아쓰기는 최고의 국어 학습법!

"교과서에 그림만 많더라고요. 글씨도 몇 개 없고!"
"우리 때도, 우리 부모님 때도 했던 받아쓰기를 아직도 한다고요?"
"받아쓰기 공부를 해야 하나요? 국어 실력에 도움이 될까요?"

글씨도 몇 개 없는 교과서로 아이랑 뭘 해야 하는지 모르겠다는 1학년 학부모님을 많이 봤습니다. 몇십 년 전에도 했던 받아쓰기를 지금 우리 아이들이 연습할 필요가 있냐고 묻는 학부모님도 종종 만납니다. 그러나 영어 받아쓰기가 영어 능력 신장에 도움을 준다는 연구 결과가 수없이 많습니다. 받아쓰기(dictation)와 따라 말하기(shadowing)가 좋은 영어 학습법인 것처럼, 국어 받아쓰기 또한 국어 공부에 매우 효과적입니다. 받아쓰기 점수를 지나치게 강조하는 분위기와 암기 위주의 지도 방법이 잘못됐을 뿐, 받아쓰기는 분명 훌륭한 국어 학습법입니다.

〈단단 받아쓰기(교과서와 친해지는 단원별 단계별 받아쓰기)〉는 20년 이상 초등학교에서 받아쓰기를 연구하며 적용한 두 교사가 머리를 맞대고 기획했습니다. 아이들이 받아쓰기 급수표를 맥락 없이 외우고, 시험을 보고 나서는 다 잊어버리는 상황이 안타까웠습니다. 효과적인 받아쓰기 공부로 아이들의 국어 실력이 쑥쑥 자라기를 바라는 마음을 이 책에 담뿍 담았습니다.

〈단단 받아쓰기〉를 300% 활용하는 방법 세 가지를 소개합니다.

첫째, 이 책을 국어 교과서 짝꿍처럼 활용해 보세요. 부제와 같이 '교과서와 친해지는' 데 이 책이 도움이 되길 바라면서 집필했습니다. 1학년 교과서에는 글자가 몇 개 없지만, 그래서 교과서를 자세히 읽는 습관을 쉽게 들일 수 있습니다. '이 어휘가 왜 먼저 혹은 나중에 나왔을까?', '이 그림과 글은 무슨 관계가 있을까?' 등 아이와 질문을 주고받으며 교과서를 주의 깊이 살펴보는 습관을 들였으면 좋겠습니다.

둘째, QR코드를 통해 나오는 음성의 발음을 주의 깊게 듣고, 소리 내어 정확히 따라 읽도록 지도해 주세요. 한글을 다 안다고 자신만만하게 말하는 아이들도 틀리게 읽는 경우가 많습니다. 맑다[막따], 밟다[밥따], 넓다[널따] 등 어른도 잘못 읽는 낱말이 있는 걸 보면, 소리 내어

정확히 읽는 연습은 어려서부터 꾸준히 해야 한다는 걸 알 수 있습니다. 정확한 발음으로 읽을 수 있어야 중고등학교 때 문법에서 헤매지 않습니다. 발음뿐 아니라 띄어 읽기와 억양도 중요합니다. 바르게 띄어 읽어야 글을 제대로 이해할 수 있고, 억양이 명확해야 의미를 분명히 전달할 수 있습니다. 올바르게 소리 내어 읽기는 문해력의 기초입니다.

셋째, 받아쓰기에서 익힌 낱말과 문장을 실생활에서 사용할 기회를 주세요. 우리나라 사람들이 영단어를 많이 알면서도 활용하지 못하는 이유는 현실과 동떨어진 상황에서 어휘 암기에만 집중하기 때문이지요. 우리 반 아이들이 받아쓰기에 나온 어휘를 바로 사용할 수 있도록 지도한 방법을 각 단계에 반영했습니다.

STEP 1 각 급에서 소개된 받아쓰기 문장을 교과서에서 찾아보고, 교과서에 밑줄을 긋는다.
(그 낱말이나 문장이 어떤 맥락에서 쓰였는지 확인하는 과정이에요. 교과서와 친해지기도 하고요.)
QR코드를 통해 나오는 음성의 발음을 그대로 따라 말한다.
STEP 2 새로 알게 된 낱말의 의미를 알아본다.
STEP 3 소리 내어 읽으며 바르게 글씨를 쓰고 연습한다. (글씨를 쓰는 근육이 옹골차지려면 많이 써 보는 방법밖에 없답니다.) QR코드를 통해 음성을 듣고 받아쓴다.
STEP 4 STEP 1에 나온 낱말을 다양한 방법으로 익힌다.
STEP 5 새로 익힌 낱말을 활용하여 문장을 만들고 쓴다.

한글 학습을 강화한 국어 교과서를 기본으로 집필하였으므로, 초등학교 1학년 학생뿐 아니라 이제 막 한글을 익히는 예비 초등학생에게도 도움이 되리라 확신합니다. 무엇보다 〈단단 받아쓰기〉로 단단해진 문해력이 자신감과 재미가 넘치는 학교생활에 도움이 되기를 소망합니다.

마지막으로, '이런 받아쓰기 책이 있었으면 좋겠다'는 바람을 현실로 만들어 주신 두 분의 에디터님과 이 책의 보람을 나누고 싶습니다.

윤희솔, 박은주

차 례

_____월 _____일을 적는 칸에 공부할 날짜를 정해서 미리 적어 두면 '계획표'가 되고, 그날그날 공부를 마친 후 내가 공부한 날짜를 적으면 '확인표'가 된답니다.

답안은
130쪽에서
확인하세요.

이 책의 구성 및 활용법

"책을 알면 공부법이 보인다!"

〈단단 받아쓰기〉는 단원별 단계별로 구성된 받아쓰기 책이에요.
이 책에는 1학년 1학기 국어 교과서 1~9단원에 실린 낱말과 문장을 선별하여 수록하였어요.
1~5단계의 과정을 거치며 각 급에서 학습한 낱말과 문장을 내 것으로 만들어요.
귀여운 꼬미와 토리, 친절한 디노 선생님이 조금 더 쉽고 재미있게 공부할 수 있도록 도와줄 거예요.

STEP 1) 바르게 읽어야 바르게 쓸 수 있어요.

각 급에서 학습할 받아쓰기 문장 10개를 소개해요. 제공하는 QR코드를 통해 음성 듣기가 가능하지요.
불러 주는 말을 듣고 또박또박 따라 읽으며 발음을 익혀요. 정확한 발음을 익혀야 바르게 쓸 수 있답니다.

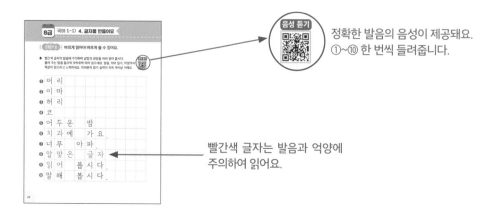

정확한 발음의 음성이 제공돼요.
①~⑩ 한 번씩 들려줍니다.

빨간색 글자는 발음과 억양에
주의하여 읽어요.

STEP 2) 낱말을 정확히 알아야 나중에 또 만나도 기억할 수 있어요.

받아쓰기 문장에 나오는 핵심 낱말을 재미있는 그림을 통해 설명해요.
어느 상황에서 어떻게 낱말이 쓰이는지 알아보면서 어휘력이 풍부해져요.

핵심 낱말에 대해 보충 설명이 필요하면
친절한 디노 선생님이 등장해요.

STEP 3) 뜻을 생각하며, 낱말을 익혀 보아요.

글씨를 쓰는 순서와 글자의 모양에 유의하며 써요. ① 모음을 써넣고, ② 자음을 써넣고, ③ 낱말과 문장을 써요.
마지막으로, 제공하는 QR코드를 통해 실전 받아쓰기를 해요. 반복 학습으로 받아쓰기에 자신감이 생길 거예요.

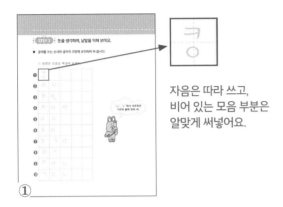

자음은 따라 쓰고,
비어 있는 모음 부분은
알맞게 써넣어요.

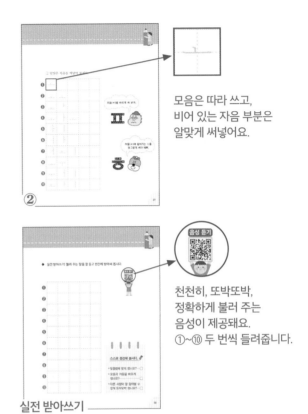

모음은 따라 쓰고,
비어 있는 자음 부분은
알맞게 써넣어요.

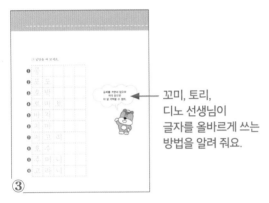

꼬미, 토리,
디노 선생님이
글자를 올바르게 쓰는
방법을 알려 줘요.

천천히, 또박또박,
정확하게 불러 주는
음성이 제공돼요.
①~⑩ 두 번씩 들려줍니다.

실전 받아쓰기

STEP 4) 낱말 개인화: 낱말을 내 것으로 만들어요.

색칠하기, 그림 찾기 등 각 급에서 학습한 낱말과
관련된 다양한 활동을 해요.

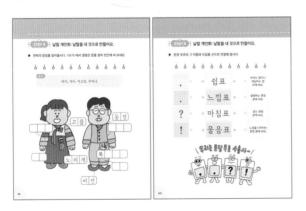

STEP 5) 문장 개인화: 문장을 내 것으로 만들어요.

각 급에서 학습한 낱말을 사용하여 짧은 글쓰기
활동을 해요.

낱말과 문장을 온전히 소화하여 내 것으로 만들었는지 확인할 수 있어요.
차근차근 기초를 다지면 어느새 국어 실력이 쑥쑥 자랄 거예요.

STEP 1 바르게 읽어야 바르게 쓸 수 있어요.

➡ 글자의 모양을 잘 살펴보며 낱말을 따라 읽어 봅시다.
불러 주는 말을 들으며 또박또박 천천히 따라 읽으세요.
읽으면서 자음과 모음의 위치, 글자의 모양을 자세히 살펴보세요.

음성 듣기

❶ 나

❷ 너

❸ 우 리

❹ 친 구

❺ 아 기

❻ 가 족

❼ 동 네

❽ 선 생 님

❾ 아 버 지

❿ 어 머 니

STEP 2 낱말을 정확히 알아야 나중에 또 만나도 기억할 수 있어요.

➜ 낱말의 뜻을 알아봅시다.

• 나 • 친구 • 우리 • 선생님

안녕?
나는 백도씨초등학교
꼬미라고 해.
내 짝꿍을 소개할게.

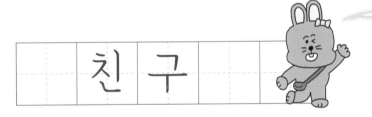

안녕?
내 이름은 토리야.
나는 꼬미의 가장 친한
친구야.

우리는 노는 건 1등인데
글씨 쓰기는 너무 힘들어.
같이 받아쓰기 공부해서
국어 척척박사가 되어 볼래?

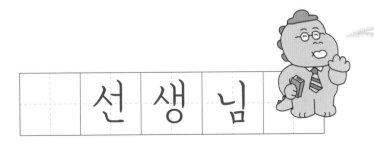

여러분, 반가워요.
나는 디노 선생님이에요.
지금부터 우리 함께
받아쓰기를
재미있게 해 보아요!

11

STEP 3 : 뜻을 생각하며, 낱말을 익혀 보아요.

➡ 글씨를 쓰는 순서와 글자의 모양에 유의하며 써 봅시다.

① 알맞은 모음을 써넣어 보세요.

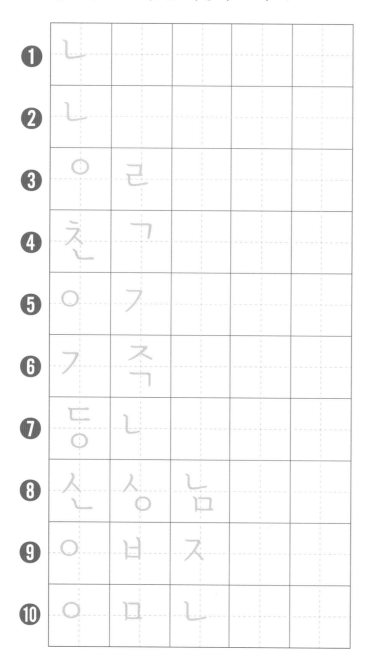

받침 없는 글자는 모음을
칸에 채울 정도로 길게 써요.
가로획, 세로획 모두
똑바로 그어요.

② 알맞은 자음을 써넣어 보세요.

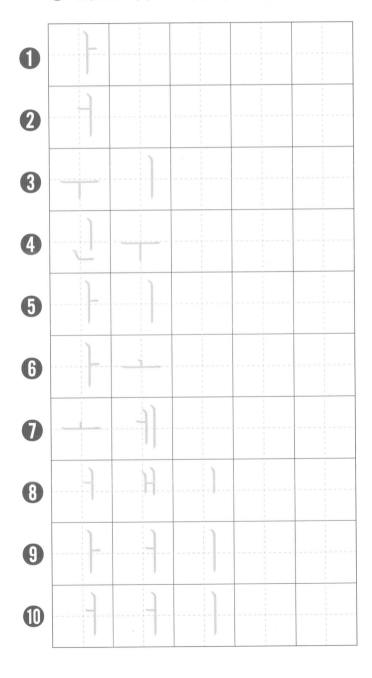

이응(ㅇ)을 찌그러지지 않고
동~그랗게 쓰면 글씨가 예뻐.

비읍(ㅂ)을 획순에 맞게
쓰고 있는지 확인해 봐.

③ 낱말을 써 보세요.

❶ 나				
❷ 너				
❸ 우	리			
❹ 친	구			
❺ 아	기			
❻ 가	족			
❼ 동	네			
❽ 선	생	님		
❾ 아	버	지		
❿ 어	머	니		

자세를 바르게 하면
글씨도 바르게 쓸 수 있어.
허리와 가슴을 쭉 펴고
앉아서 써 보자.

➜ 실전 받아쓰기! 불러 주는 말을 잘 듣고 빈칸에 받아써 봅시다.

음성 듣기

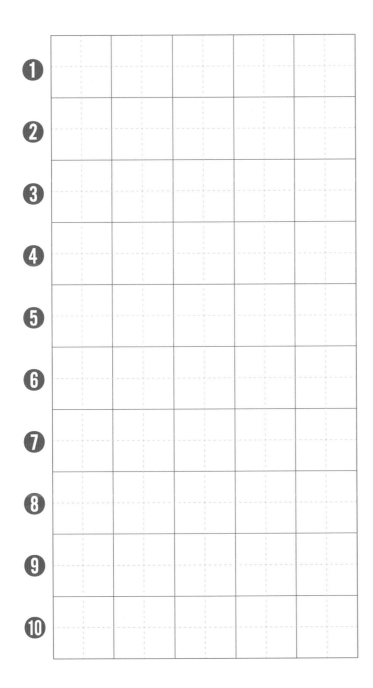

❶
❷
❸
❹
❺
❻
❼
❽
❾
❿

스스로 점검해 봅시다.

▪ 맞춤법에 맞게 썼나요? ⸺☐

▪ 모음과 자음을 바르게
  썼나요? ⸺☐

▪ 다른 사람이 잘 알아볼 수
  있게 또박또박 썼나요? ⸺☐

STEP 4 **낱말 개인화: 낱말을 내 것으로 만들어요.**

➜ 나의 친구, 아버지, 어머니, 내가 사는 동네 이름을 써 봅시다.

친구					
아버지					
어머니					
동네					

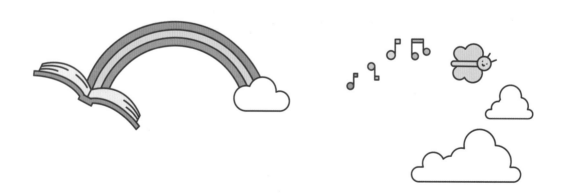

문장 개인화: 문장을 내 것으로 만들어요.

➜ 받아쓰기 1급에서 연습한 낱말을 사용하여 문장을 만들어 봅시다.

보기

나, 너, 우리, 친구, 아기, 가족, 선생님, 아버지, 어머니

① 아래 문장을 소리 내어 읽고, 〈보기〉의 어떤 낱말이 쓰였는지 ○ 하세요.

	나	는		친	절	한		우	리
선	생	님	이		참		좋	다	.

② 바르게 따라 써 보세요.

③ 〈보기〉의 낱말을 2개 이상 넣어 짧은 글을 써 보세요.

STEP 1 바르게 읽어야 바르게 쓸 수 있어요.

➜ 글자의 모양을 잘 살펴보며 낱말을 따라 읽어 봅시다.
불러 주는 말을 들으며 또박또박 천천히 따라 읽으세요.
읽으면서 자음과 모음의 위치, 글자의 모양을 자세히 살펴보세요.

음성 듣기

❶ 거	미			
❷ 나	무			
❸ 나	비			
❹ 참	새			
❺ 제	비			
❻ 구	두			
❼ 모	자			
❽ 바	지			
❾ 지	우	개		
❿ 바	구	니		

STEP 2 낱말을 정확히 알아야 나중에 또 만나도 기억할 수 있어요.

➡ 낱말의 뜻을 알아봅시다.

• 제비

〈흥부와 놀부〉를 보니 제비는 강남에 살더라?

제비는 강남 스타일~~

제비가 사는 강남은 중국 아래 따뜻한 곳이란다.

• 거미

토리야, 거미가 곤충이게 아니게?

당황

곤충!

땡!
거미는 몸이 머리랑 배만 있고, 다리가 8개야. 곤충은 몸이 머리, 가슴, 배로 나뉘어 있고, 다리가 6개잖아.

아하! 넌 책을 많이 읽어서 역시 아는 게 많구나!

뜻을 생각하며, 낱말을 익혀 보아요.

➡ 글씨를 쓰는 순서와 글자의 모양에 유의하며 써 봅시다.

① 알맞은 모음을 써넣어 보세요.

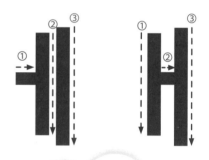

‘ㅔ’, ‘ㅐ’는
바깥쪽 세로획을
안쪽보다 조금 더 길게 써.

② 알맞은 자음을 써넣어 보세요.

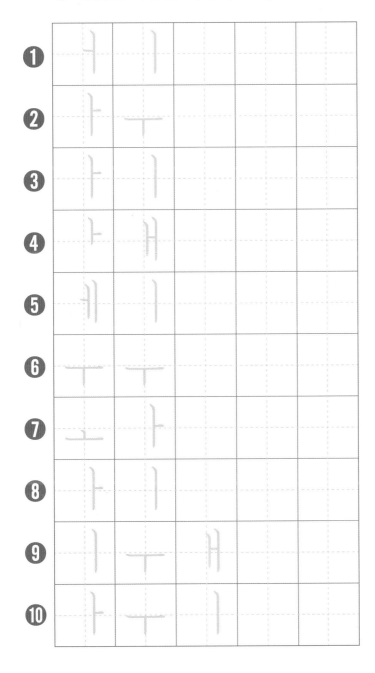

자음은 위치에 따라서
모양이 바뀌어요.
'거미'와 '구두'의
기역(ㄱ) 모양을
비교해 봐요.

③ 낱말을 써 보세요.

❶ 거	미			
❷ 나	무			
❸ 나	비			
❹ 참	새			
❺ 제	비			
❻ 구	두			
❼ 모	자			
❽ 바	지			
❾ 지	우	개		
❿ 바	구	니		

글씨를 쓰면서 입으로
따라 읽으면
더 잘 기억할 수 있어.

➜ 실전 받아쓰기! 불러 주는 말을 잘 듣고 빈칸에 받아써 봅시다.

음성 듣기

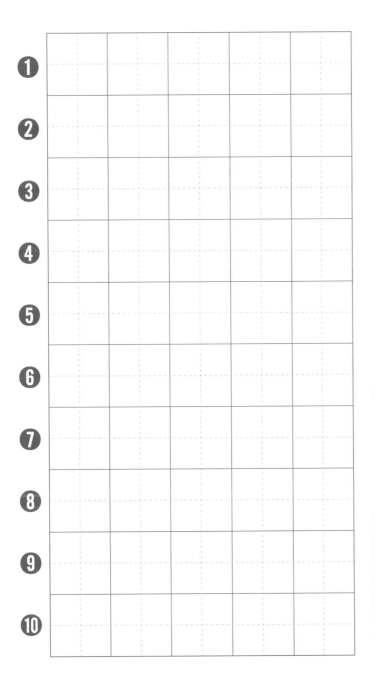

① ② ③ ④ ⑤ ⑥ ⑦ ⑧ ⑨ ⑩

스스로 점검해 봅시다. 🖊

▪ 맞춤법에 맞게 썼나요?⸺☐

▪ 모음과 자음을 바르게
썼나요?⸺☐

▪ 다른 사람이 잘 알아볼 수
있게 또박또박 썼나요?⸺☐

낱말 개인화: 낱말을 내 것으로 만들어요.

➜ 구두, 거미, 나무, 제비, 모자가 나오는 책 제목을 써 봅시다.

구두	빨	간		구	두
거미					
나무					
제비					
모자					

문장 개인화: 문장을 내 것으로 만들어요.

➜ 받아쓰기 2급에서 연습한 낱말을 사용하여 문장을 만들어 봅시다.

보기

거미, 나무, 나비, 참새, 제비, 구두, 모자, 바지, 지우개, 바구니

① 아래 문장을 소리 내어 읽고, 〈보기〉의 어떤 낱말이 쓰였는지 ○ 하세요.

	거	미	가		나	무	에		매
달	려		있	다	.				

② 바르게 따라 써 보세요.

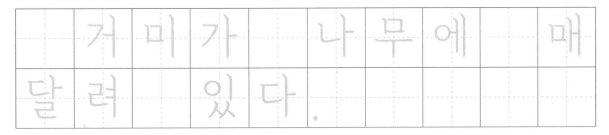

③ 〈보기〉의 낱말을 2개 이상 넣어 짧은 글을 써 보세요.

:::: STEP 1 :::: 바르게 읽어야 바르게 쓸 수 있어요.

➜ 글자의 모양을 잘 살펴보며 낱말을 따라 읽어 봅시다.
불러 주는 말을 들으며 또박또박 천천히 따라 읽으세요.
읽으면서 자음과 모음의 위치, 글자의 모양을 자세히 살펴보세요.

음성 듣기

❶ 가	지			
❷ 레	몬			
❸ 모	과			
❹ 사	과			
❺ 앵	두			
❻ 자	두			
❼ 참	외			
❽ 딸	기			
❾ 도	토	리		
❿ 복	숭	아		

낱말을 정확히 알아야 나중에 또 만나도 기억할 수 있어요.

➜ 낱말의 뜻을 알아봅시다.
　 꼬미와 토리가 마트에서 장을 봐요. 빈 곳을 색칠하여 그림을 완성해 보세요.

➡ 글씨를 쓰는 순서와 글자의 모양에 유의하며 써 봅시다.

① 알맞은 모음을 써넣어 보세요.

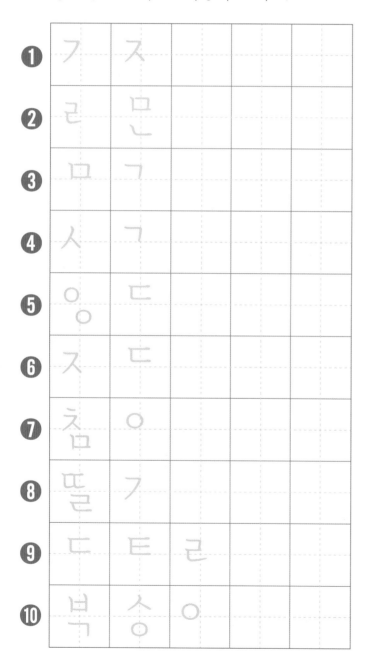

'ㅚ'는 'ㅗ'와 'ㅣ'를 합한 모음이에요.
하지만 '오이'라고 읽지 않고 '외'라고 읽지요.

② 알맞은 자음을 써넣어 보세요.

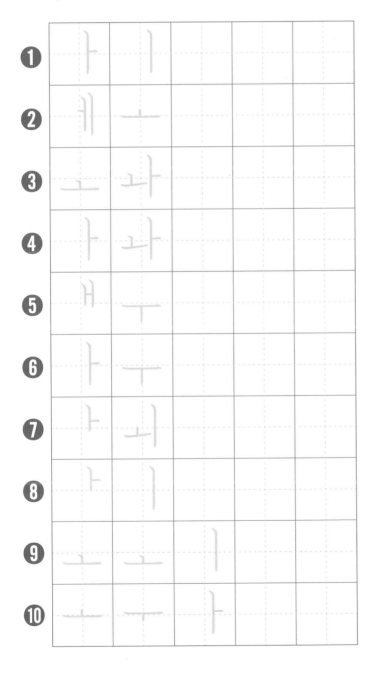

'ㅌ'의 획순을
주의해서 쓰도록 해.

③ 낱말을 써 보세요.

①	가	지			
②	레	몬			
③	모	과			
④	사	과			
⑤	앵	두			
⑥	자	두			
⑦	참	외			
⑧	딸	기			
⑨	도	토	리		
⑩	복	숭	아		

자세를 바르게 하면
글씨도 바르게 쓸 수 있어.
허리와 가슴을 쭉 펴고
앉아서 써 보자.

➜ 실전 받아쓰기! 불러 주는 말을 잘 듣고 빈칸에 받아써 봅시다.

음성 듣기

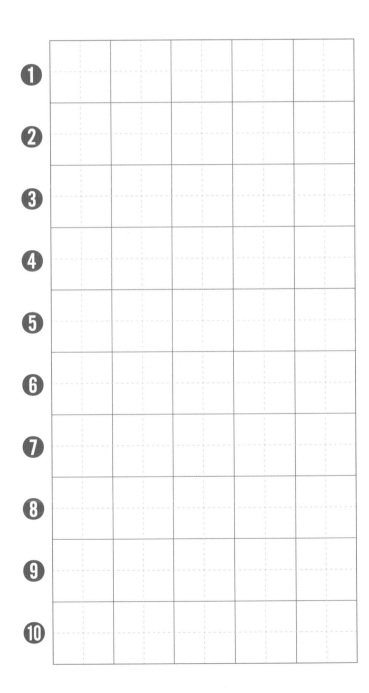

스스로 점검해 봅시다. 🖊

- 맞춤법에 맞게 썼나요?⋯⋯☐
- 모음과 자음을 바르게
  썼나요?⋯⋯⋯⋯☐
- 다른 사람이 잘 알아볼 수
  있게 또박또박 썼나요?⋯⋯☐

낱말 개인화: 낱말을 내 것으로 만들어요.

➜ 내가 좋아하는 과일은 무엇인가요? 과일 이름을 쓰고 그림을 그려 봅시다.

딸기　딸기

STEP 5 ⟩ 문장 개인화: 문장을 내 것으로 만들어요.

➜ 받아쓰기 3급에서 연습한 낱말을 사용하여 문장을 만들어 봅시다.

보기

가지, 레몬, 모과, 사과, 앵두, 자두, 참외, 딸기, 도토리, 복숭아

① 아래 문장을 소리 내어 읽고, 〈보기〉의 어떤 낱말이 쓰였는지 ◯ 하세요.

레	몬	과		자	두	를		떠
올	리	니		침	이		고	인	다.

② 바르게 따라 써 보세요.

레	몬	과		자	두	를		떠
올	리	니		침	이		고	인	다.

③ 〈보기〉의 낱말을 2개 이상 넣어 짧은 글을 써 보세요.

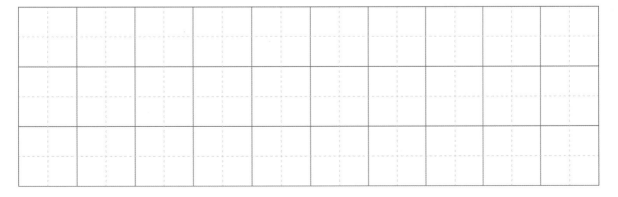

STEP 1 바르게 읽어야 바르게 쓸 수 있어요.

➡ 글자의 모양을 잘 살펴보며 낱말을 따라 읽어 봅시다.
불러 주는 말을 들으며 또박또박 천천히 따라 읽으세요.
읽으면서 자음과 모음의 위치, 글자의 모양을 자세히 살펴보세요.

음성 듣기

❶ 콩

❷ 포 도

❸ 호 박

❹ 토 마 토

❺ 바 지

❻ 치 마

❼ 저 고 리

❽ 호 수

❾ 주 머 니

❿ 고 라 니

STEP 2 낱말을 정확히 알아야 나중에 또 만나도 기억할 수 있어요.

➡ 낱말의 뜻을 알아봅시다.

• 고라니

고라니, 노루, 멧돼지는 우리나라에서 볼 수 있는 야생 동물이에요.

STEP 3 　뜻을 생각하며, 낱말을 익혀 보아요.

➡ 글씨를 쓰는 순서와 글자의 모양에 유의하며 써 봅시다.

① 알맞은 모음을 써넣어 보세요.

'ㅗ', 'ㅜ'에서 세로획은 가운데 줄에 맞춰 써.

② 알맞은 자음을 써넣어 보세요.

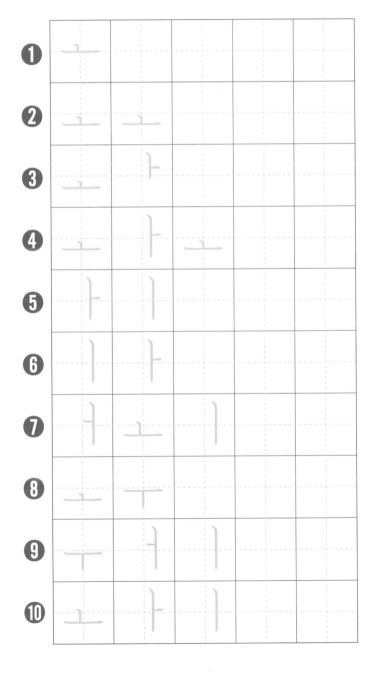

히읗(ㅎ)에 들어가는 ○를
동그랗게 써야 예뻐.

③ 낱말을 써 보세요.

❶ 콩				
❷ 포	도			
❸ 호	박			
❹ 토	마	토		
❺ 바	지			
❻ 치	마			
❼ 저	고	리		
❽ 호	수			
❾ 주	머	니		
❿ 고	라	니		

글씨를 쓰면서 입으로
따라 읽으면
더 잘 기억할 수 있어.

→ 실전 받아쓰기! 불러 주는 말을 잘 듣고 빈칸에 받아써 봅시다.

음성 듣기

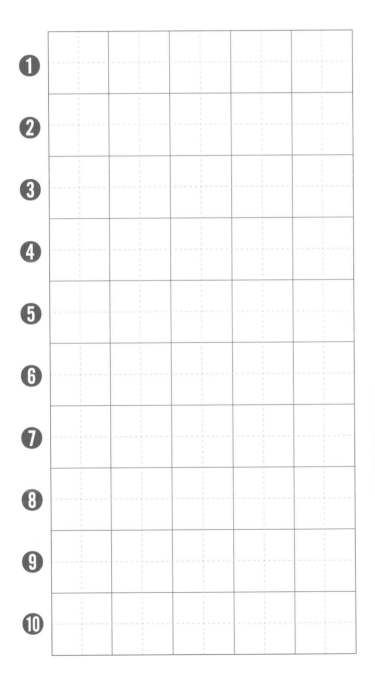

①

②

③

④

⑤

⑥

⑦

⑧

⑨

⑩

스스로 점검해 봅시다.

▪ 맞춤법에 맞게 썼나요?⋯⋯⋯ ☐

▪ 모음과 자음을 바르게
  썼나요?⋯⋯⋯⋯⋯⋯⋯ ☐

▪ 다른 사람이 잘 알아볼 수
  있게 또박또박 썼나요?⋯⋯ ☐

낱말 개인화: 낱말을 내 것으로 만들어요.

➜ 한복의 명칭을 알아봅시다. <보기>에서 알맞은 말을 찾아 빈칸에 써 보세요.

보기

바지, 치마, 저고리, 주머니

문장 개인화: 문장을 내 것으로 만들어요.

➡ 받아쓰기 4급에서 연습한 낱말을 사용하여 문장을 만들어 봅시다.

보기

포도, 호박, 토마토, 바지, 치마, 저고리, 호수, 주머니, 고라니

① 아래 문장을 소리 내어 읽고, 〈보기〉의 어떤 낱말이 쓰였는지 ○ 하세요.

콩	쥐	가		주	머	니	에	
포	도	를		넣	었	어	요	.

② 바르게 따라 써 보세요.

콩	쥐	가		주	머	니	에	
포	도	를		넣	었	어	요	.

③ 〈보기〉의 낱말을 2개 이상 넣어 짧은 글을 써 보세요.

STEP 1 바르게 읽어야 바르게 쓸 수 있어요.

➜ 글자의 모양을 잘 살펴보며 낱말을 따라 읽어 봅시다.
불러 주는 말을 들으며 또박또박 천천히 따라 읽으세요.
읽으면서 자음과 모음의 위치, 글자의 모양을 자세히 살펴보세요.

음성 듣기

❶ 파
❷ 무
❸ 오 이
❹ 고 구 마
❺ 도 라 지
❻ 바 나 나
❼ 하 마
❽ 원 숭 이
❾ 소 고
❿ 이 름

➡ 낱말의 뜻을 알아봅시다.

- 하마 • 원숭이 • 바나나

뜻을 생각하며, 낱말을 익혀 보아요.

➡ 글씨를 쓰는 순서와 글자의 모양에 유의하며 써 봅시다.

① 알맞은 모음을 써넣어 보세요.

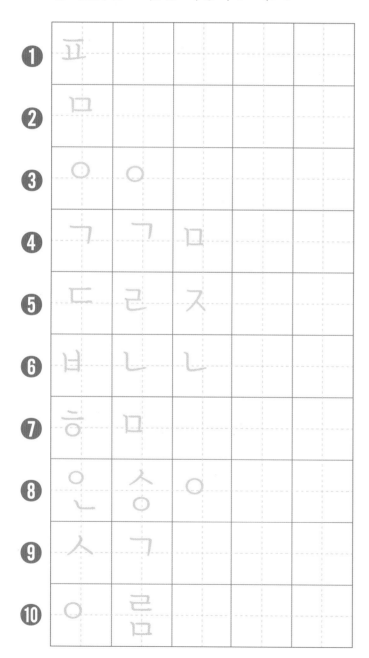

'원숭이'의 '원'과 같이
받침이 있는 글자를 쓸 때는
모음을 짧게 써요.

44

② 알맞은 자음을 써넣어 보세요.

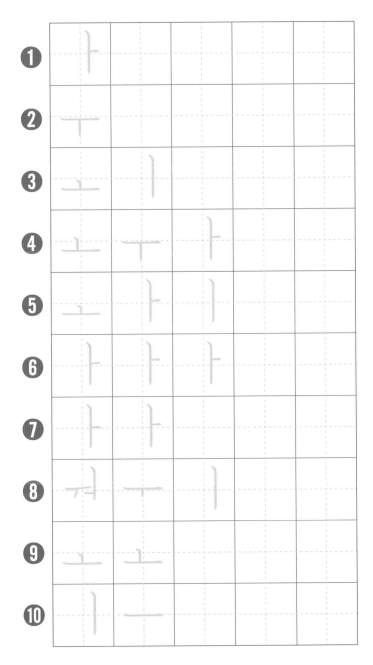

③ 낱말을 써 보세요.

❶ 파				
❷ 무				
❸ 오	이			
❹ 고	구	마		
❺ 도	라	지		
❻ 바	나	나		
❼ 하	마			
❽ 원	숭	이		
❾ 소	고			
❿ 이	름			

자세를 바르게 하면
글씨도 바르게 쓸 수 있어.
허리와 가슴을 쭉 펴고
앉아서 써 보자.

➔ 실전 받아쓰기! 불러 주는 말을 잘 듣고 빈칸에 받아써 봅시다.

음성 듣기

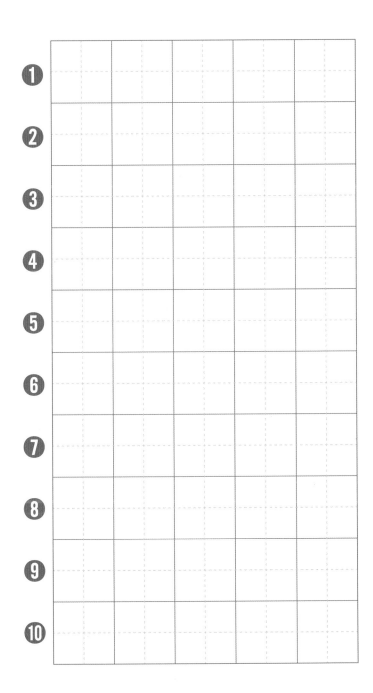

①
②
③
④
⑤
⑥
⑦
⑧
⑨
⑩

스스로 점검해 봅시다.

■ 맞춤법에 맞게 썼나요?······☐

■ 모음과 자음을 바르게
썼나요?······☐

■ 다른 사람이 잘 알아볼 수
있게 또박또박 썼나요?······☐

STEP 4 낱말 개인화: 낱말을 내 것으로 만들어요.

➜ 파, 무, 오이, 고구마, 도라지가 들어가는 음식 이름을 써 봅시다.

파	파 김 치
무	
오이	
고구마	
도라지	

문장 개인화: 문장을 내 것으로 만들어요.

➡ 받아쓰기 5급에서 연습한 낱말을 사용하여 문장을 만들어 봅시다.

보기

파, 무, 오이, 고구마, 도라지, 바나나, 하마, 원숭이, 소고, 이름

① 아래 문장을 소리 내어 읽고, 〈보기〉의 어떤 낱말이 쓰였는지 ○ 하세요.

	내	일		소	고	에		이	름
을		써	서		가	져	오	세	요.

② 바르게 따라 써 보세요.

	내	일		소	고	에		이	름
을		써	서		가	져	오	세	요.

③ 〈보기〉의 낱말을 2개 이상 넣어 짧은 글을 써 보세요.

STEP 1 바르게 읽어야 바르게 쓸 수 있어요.

➜ 글자의 모양을 잘 살펴보며 낱말을 따라 읽어 봅시다.
불러 주는 말을 들으며 또박또박 천천히 따라 읽으세요.
읽으면서 자음과 모음의 위치, 글자의 모양을 자세히 살펴보세요.

음성 듣기

❶ 기	차			
❷ 구	름			
❸ 오	리			
❹ 사	자			
❺ 여	우			
❻ 토	끼			
❼ 자	라			
❽ 너	구	리		
❾ 오	소	리		
❿ 두	꺼	비		

낱말을 정확히 알아야 나중에 또 만나도 기억할 수 있어요.

➜ 낱말의 뜻을 알아봅시다.

• 자라 • 토끼 • 여우

꼬미야, 무슨 책 읽고 있어?

〈별주부전〉 읽는 중이야. 그런데 용왕님이 너무 나쁜 것 같아. **자라**한테 **토끼** 간을 빼 오라고 시키잖아.

내가 **자라**라면 용기 있게 말할 거야. "용왕님, 저는 **토끼**를 데려오지 않을 거예요. 대신 다른 약을 구해 올게요."

크헝!

그러다가 용왕님께 혼나면 어떡해? 용왕님이 화가 나서 무서운 **여우**로 변신할지도 몰라.

뜻을 생각하며, 낱말을 익혀 보아요.

➡ 글씨를 쓰는 순서와 글자의 모양에 유의하며 써 봅시다.

① 알맞은 모음을 써넣어 보세요.

'ㅜ'와 'ㅡ'의 가로획은
가운데 가로선에
나란히 맞추어 길게 써요.

② 알맞은 자음을 써넣어 보세요.

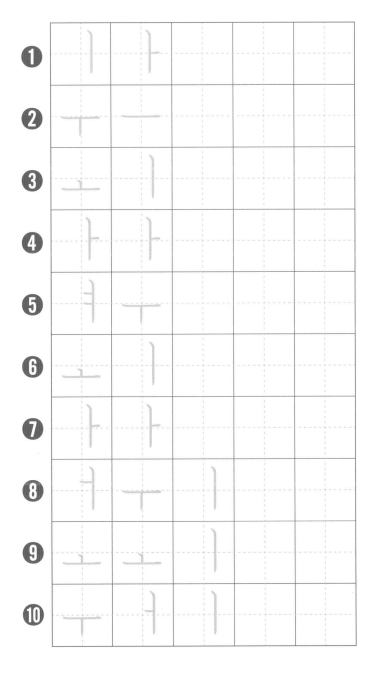

쌍기역(ㄲ)을 쓸 때
앞에 ㄱ보다 뒤에 쓰는
ㄱ을 조금 더 크게 써.

③ 낱말을 써 보세요.

❶ 기	차			
❷ 구	름			
❸ 오	리			
❹ 사	자			
❺ 여	우			
❻ 토	끼			
❼ 자	라			
❽ 너	구	리		
❾ 오	소	리		
❿ 두	꺼	비		

글씨를 쓰면서 입으로
따라 읽으면
더 잘 기억할 수 있어.

→ 실전 받아쓰기! 불러 주는 말을 잘 듣고 빈칸에 받아써 봅시다.

음성 듣기

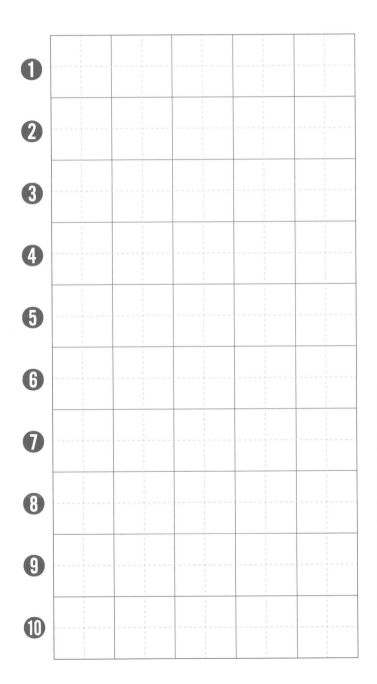

①
②
③
④
⑤
⑥
⑦
⑧
⑨
⑩

스스로 점검해 봅시다.

- 맞춤법에 맞게 썼나요?⋯⋯☐
- 모음과 자음을 바르게 썼나요?⋯⋯⋯⋯⋯⋯☐
- 다른 사람이 잘 알아볼 수 있게 또박또박 썼나요?⋯☐

STEP 4 낱말 개인화: 낱말을 내 것으로 만들어요.

➜ 동물원에서 직접 본 적이 있는 동물의 이름을 써 봅시다.

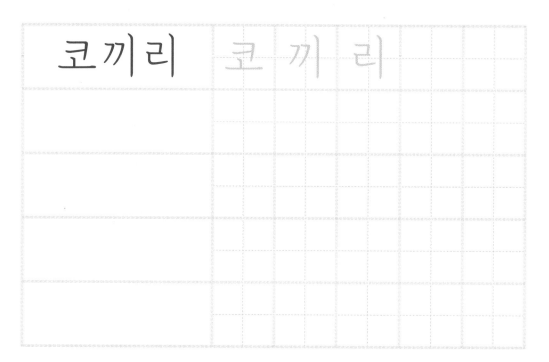

코끼리 코끼리

문장 개인화: 문장을 내 것으로 만들어요.

➔ 받아쓰기 6급에서 연습한 낱말을 사용하여 문장을 만들어 봅시다.

보기

기차, 구름, 오리, 사자, 여우, 토끼, 자라, 너구리, 오소리, 두꺼비

① 아래 문장을 소리 내어 읽고, 〈보기〉의 어떤 낱말이 쓰였는지 ○ 하세요.

| | 자 | 라 | 는 | | 토 | 끼 | 를 | | 데 |
| 리 | 고 | | 갔 | 어 | 요 | . | | | |

② 바르게 따라 써 보세요.

| | 자 | 라 | 는 | | 토 | 끼 | 를 | | 데 |
| 리 | 고 | | 갔 | 어 | 요 | . | | | |

③ 〈보기〉의 낱말을 2개 이상 넣어 짧은 글을 써 보세요.

 바르게 읽어야 바르게 쓸 수 있어요.

➡ 빨간색 글자의 발음에 주의하며 낱말과 문장을 따라 읽어 봅시다.
불러 주는 말을 들으며 또박또박 따라 읽으세요. 발음, 띄어 읽기, 억양까지
똑같이 읽으려고 노력하세요. 여러분의 읽기 실력이 쑥쑥 자라날 거예요.

 음성 듣기

❶	우	리		모	두				
❷	다		같	이					
❸	손	뼉	을		치	며			
❹	즐	겁	게		노	래	해	.	
❺	도	시							
❻	두	루	미						
❼	우	유							
❽	고	추							
❾	병	아	리						
❿	끝	나	는		말				

낱말을 정확히 알아야 나중에 또 만나도 기억할 수 있어요.

➡ 낱말의 뜻을 알아봅시다.

• 도시

꼬미야, 이번 주말에 할머니 댁에 가면 맛있는 딸기를 딸 수 있대.

좋겠다~ 토리 할머니 댁은 시골이구나. 우리 할머니 댁은 도시라서 공기도 나쁘고 차도 막히는데……

그래도 도시에는 사람도 많고 교통도 편리해서 좋잖아.

맞아. 할머니 댁 바로 옆에 엄청 큰 백화점도 있어.

백화점

꼬미야, 할머니 농장에서 딸기 많이 따 올게. 나눠 먹자, 하하하!

와~

뜻을 생각하며, 낱말과 문장을 익혀 보아요.

➡ 글씨를 쓰는 순서와 글자의 모양에 유의하며 써 봅시다.

① 알맞은 모음을 써넣어 보세요.

❶	ㅇ	ㄹ		ㅁ	ㄷ						
❷	ㄷ		끝	ㅇ							
❸	손	백	을		ㅊ	ㅁ					
❹	졸	갑	ㄱ		ㄴ	ㄹ	ㅎ	.			
❺	ㄷ	ㅅ									
❻	ㄷ	ㄹ	ㅁ								
❼	ㅇ	ㅇ									
❽	ㄱ	ㅊ									
❾	병	ㅇ	ㄹ								
❿	끝	ㄴ	ㄴ		물						

② 알맞은 자음을 써넣어 보세요.

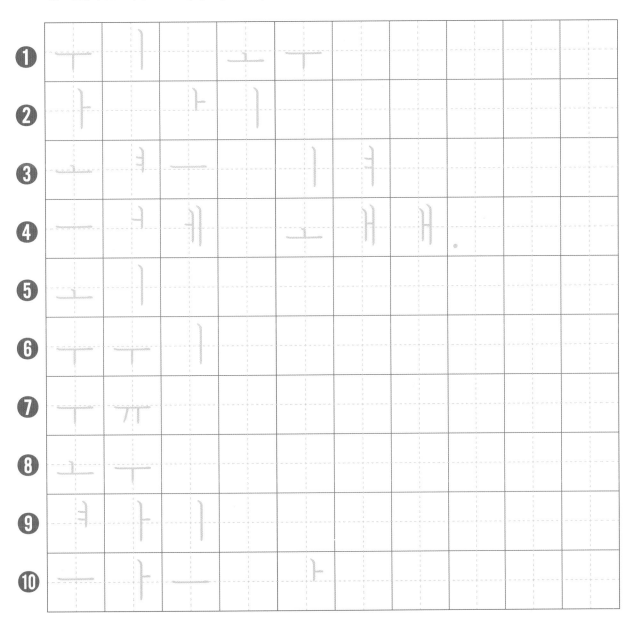

③ 낱말과 문장을 써 보세요.

❶	우	리		모	두			
❷	다		같	이				
❸	손	뼉	을		치	며		
❹	즐	겁	게		노	래	해	.
❺	도	시						
❻	두	루	미					
❼	우	유						
❽	고	추						
❾	병	아	리					
❿	끝	나	는		말			

자세를 바르게 하면
글씨도 바르게 쓸 수 있어.
허리와 가슴을 쭉 펴고
앉아서 써 보자.

음성 듣기

➜ 실전 받아쓰기! 불러 주는 말을 잘 듣고 빈칸에 받아써 봅시다.

❶

❷

❸

❹

❺

❻

❼

❽

❾

❿

스스로 점검해 봅시다. ✎

▪ 맞춤법에 맞게 썼나요?--------------- ☐
▪ 모음과 자음을 바르게 썼나요?------- ☐

▪ 다른 사람이 잘 알아볼 수 있게
  또박또박 썼나요?-------------------- ☐

➜ '리' 자로 끝나는 말을 써 봅시다.

개나리	개 나 리
너구리	
병아리	
잠자리	

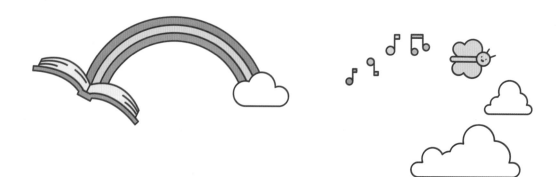

문장 개인화: 문장을 내 것으로 만들어요.

➔ 받아쓰기 7급에서 연습한 낱말을 사용하여 문장을 만들어 봅시다.

보기

같이, 손뼉, 즐겁게, 노래, 도시, 두루미, 우유, 고추, 병아리

① 아래 문장을 소리 내어 읽고, 〈보기〉의 어떤 낱말이 쓰였는지 ○ 하세요.

노	래		박	자	에		맞	추
어		손	뼉	을		쳤	다	.

② 바르게 따라 써 보세요.

노	래		박	자	에		맞	추
어		손	뼉	을		쳤	다	.

③ 〈보기〉의 낱말을 2개 이상 넣어 짧은 글을 써 보세요.

 바르게 읽어야 바르게 쓸 수 있어요.

➜ 빨간색 글자의 발음에 주의하며 낱말과 문장을 따라 읽어 봅시다.
불러 주는 말을 들으며 또박또박 따라 읽으세요. 발음, 띄어 읽기, 억양까지
똑같이 읽으려고 노력하세요. 여러분의 읽기 실력이 쑥쑥 자라날 거예요.

음성 듣기

❶ 머 리

❷ 이 마

❸ 허 리

❹ 코

❺ 어 두 운 밤

❻ 치 과 에 가 요 .

❼ 너 무 아 파 .

❽ 알 맞 은 글 자

❾ 읽 어 봅 시 다 .

❿ 말 해 봅 시 다 .

STEP 2 : 낱말을 정확히 알아야 나중에 또 만나도 기억할 수 있어요.

➜ 낱말의 뜻을 알아봅시다.

• 머리 • 코 • 이마

뜻을 생각하며, 낱말과 문장을 익혀 보아요.

➡ 글씨를 쓰는 순서와 글자의 모양에 유의하며 써 봅시다.

① 알맞은 모음을 써넣어 보세요.

❶	ㅁ	ㄹ								
❷	ㅇ	ㅁ								
❸	ㅎ	ㄹ								
❹	ㅋ									
❺	ㅇ	ㄷ	ㅇ		ㅂㅁ					
❻	ㅊ	ㄱ	ㅇ		ㄱ	ㅇ				
❼	ㄴ	ㅁ		ㅇ	ㅍ					
❽	ㅇㄹ	ㅁㅈ	ㅇ		ㄱㄹ	ㅈ				
❾	ㅇㄹ	ㅇ		ㅂㅂ	ㅅ	ㄷ				
❿	ㅁㄹ	ㅎ		ㅂㅂ	ㅅ	ㄷ				

② 알맞은 자음을 써넣어 보세요.

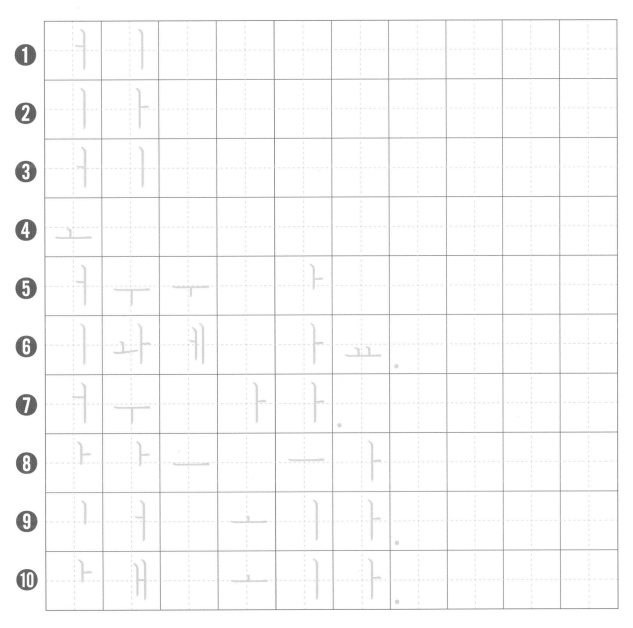

③ 낱말과 문장을 써 보세요.

❶ 머리
❷ 이마
❸ 허리
❹ 코
❺ 어두운 밤
❻ 치과에 가요.
❼ 너무 아파.
❽ 알맞은 글자
❾ 읽어 봅시다.
❿ 말해 봅시다.

글씨를 쓰면서 입으로
따라 읽으면
더 잘 기억할 수 있어.

음성 듣기

➜ 실전 받아쓰기! 불러 주는 말을 잘 듣고 빈칸에 받아써 봅시다.

❶

❷

❸

❹

❺

❻

❼

❽

❾

❿

스스로 점검해 봅시다.

▪ 맞춤법에 맞게 썼나요? ⬚

▪ 모음과 자음을 바르게 썼나요? ⬚

▪ 다른 사람이 잘 알아볼 수 있게
또박또박 썼나요? ⬚

낱말 개인화: 낱말을 내 것으로 만들어요.

➜ 우리 몸에 있는 여러 부분의 이름을 알아봅시다. <보기>에서 알맞은 말을
찾아 빈칸에 써 보세요.

보기

머리, 이마, 허리, 코, 손

눈썹

눈

머리카락

배

발

엉덩이

문장 개인화: 문장을 내 것으로 만들어요.

➜ 받아쓰기 8급에서 연습한 낱말을 사용하여 문장을 만들어 봅시다.

보기

머리, 이마, 허리, 코, 어둡다, 치과, 아프다, 알맞다, 읽다

① 아래 문장을 소리 내어 읽고, 〈보기〉의 어떤 낱말이 쓰였는지 ○ 하세요.

| 머 | 리 | 가 | | 아 | 파 | 서 | | 병 |
| 원 | 에 | | 갔 | 다 | . | | | |

② 바르게 따라 써 보세요.

| 머 | 리 | 가 | | 아 | 파 | 서 | | 병 |
| 원 | 에 | | 갔 | 다 | . | | | |

③ 〈보기〉의 낱말을 2개 이상 넣어 짧은 글을 써 보세요.

STEP 1 : 바르게 읽어야 바르게 쓸 수 있어요.

➜ 빨간색 글자의 발음에 주의하며 낱말과 문장을 따라 읽어 봅시다.
불러 주는 말을 들으며 또박또박 따라 읽으세요. 발음, 띄어 읽기, 억양까지
똑같이 읽으려고 노력하세요. 여러분의 읽기 실력이 쑥쑥 자라날 거예요.

음성 듣기

① 오랜만입니다.
② 반갑습니다.
③ 안녕하세요?
④ 어서 오렴.
⑤ 할아버지, 할머니
⑥ 오래오래 건강하세요.
⑦ 웃는 얼굴
⑧ 헤어지기 전에
⑨ 인사 나눕시다.
⑩ 바르게 인사하기

낱말을 정확히 알아야 나중에 또 만나도 기억할 수 있어요.

➜ 낱말의 뜻을 알아봅시다.

• 인사 • 오랜만

선생님,
안녕하세요?

토리야, 어서 와.
토리는 **인사**를 참
잘하는구나.

헤헤헤.

선생님,
오랜만입니다.

하하하

꼬미야, 우리 어제도
만났는데 오랜만이라고?

오랜만은 '오래간만'의 준말이에요.
'어떤 일이 있은 때로부터
긴 시간이 지난 뒤'라는 뜻이랍니다.

뜻을 생각하며, 낱말과 문장을 익혀 보아요.

➜ 글씨를 쓰는 순서와 글자의 모양에 유의하며 써 봅시다.

① 알맞은 모음을 써넣어 보세요.

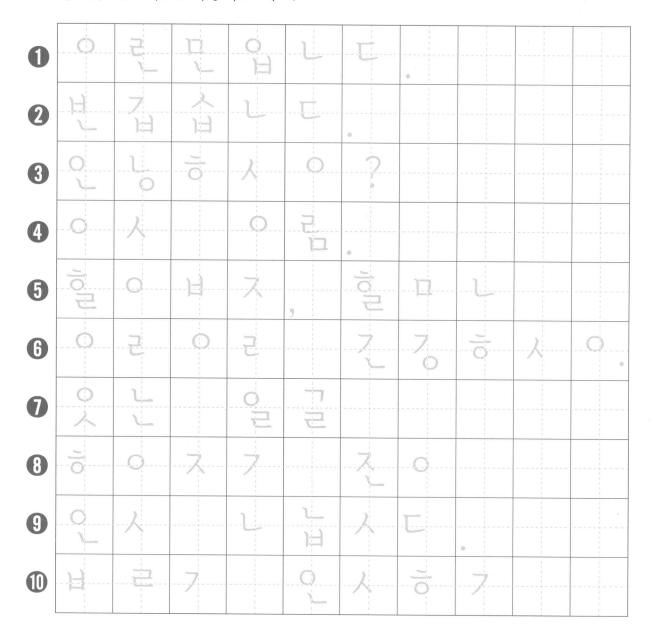

② 알맞은 자음을 써넣어 보세요.

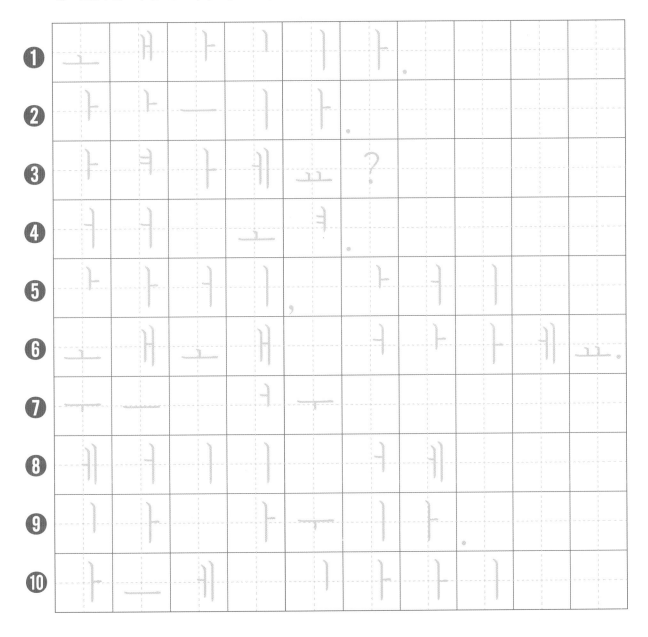

③ 낱말과 문장을 써 보세요.

❶ 오	랜	만	입	니	다	.	
❷ 반	갑	습	니	다	.		
❸ 안	녕	하	세	요	?		
❹ 어	서		오	렴	.		
❺ 할	아	버	지	,	할	머	니
❻ 오	래	오	래		건	강 하 세 요 .
❼ 웃	는		얼	굴			
❽ 헤	어	지	기		전	에	
❾ 인	사		나	눕	시	다	.
❿ 바	르	게		인	사	하	기

자세를 바르게 하면
글씨도 바르게 쓸 수 있어.
허리와 가슴을 쭉 펴고
앉아서 써 보자.

➜ 실전 받아쓰기! 불러 주는 말을 잘 듣고 빈칸에 받아써 봅시다.

❶

❷

❸

❹

❺

❻

❼

❽

❾

❿

스스로 점검해 봅시다. ✏

▪ 맞춤법에 맞게 썼나요?⸺⸺⸺⸺ ☐

▪ 모음과 자음을 바르게 썼나요?⸺⸺ ☐

▪ 다른 사람이 잘 알아볼 수 있게
또박또박 썼나요?⸺⸺⸺⸺⸺⸺ ☐

낱말 개인화: 낱말을 내 것으로 만들어요.

➜ 바른 인사말을 찾아 색칠해 봅시다.

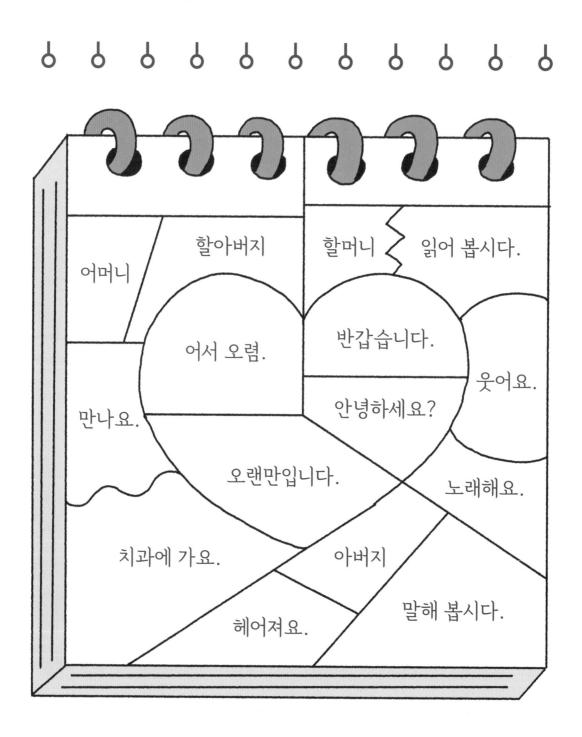

STEP 5 ┊ 문장 개인화: 문장을 내 것으로 만들어요.

➔ 받아쓰기 9급에서 연습한 낱말을 사용하여 문장을 만들어 봅시다.

보기

> 오랜만, 반갑다, 어서, 할아버지, 할머니, 건강하다, 헤어지다

① 아래 문장을 소리 내어 읽고, 〈보기〉의 어떤 낱말이 쓰였는지 ◯ 하세요.

	오	랜	만	에		친	구	를	
만	나	서		반	가	웠	다	.	

② 바르게 따라 써 보세요.

③ 〈보기〉의 낱말을 2개 이상 넣어 짧은 글을 써 보세요.

STEP 1 바르게 읽어야 바르게 쓸 수 있어요.

→ 빨간색 글자의 발음에 주의하며 문장을 따라 읽어 봅시다.
불러 주는 말을 들으며 또박또박 따라 읽으세요. 발음, 띄어 읽기, 억양까지
똑같이 읽으려고 노력하세요. 여러분의 읽기 실력이 쑥쑥 자라날 거예요.

음성 듣기

① 잘 잤니?
② 안녕히 주무셨어요?
③ 맛있게 먹어라.
④ 잘 먹겠습니다.
⑤ 잘 다녀와라.
⑥ 조심해서 가라.
⑦ 입학을 축하해.
⑧ 학교 다녀왔습니다.
⑨ 잘 지냈니?
⑩ 내일 보자.

➡ 낱말의 뜻을 알아봅시다.

• 입학

STEP 3 · 뜻을 생각하며, 낱말과 문장을 익혀 보아요.

➡ 글씨를 쓰는 순서와 글자의 모양에 유의하며 써 봅시다.

① 알맞은 모음을 써넣어 보세요.

❶	즐		쪼	ㄴ	?			
❷	안	낭	ㅎ		ㅈ	ㅁ	ㅆ	ㅇ	ㅇ	?
❸	맛	ㅆ	ㄱ		ㅁ	ㅇ	ㄹ	.	
❹	즐		막	쪼	ㅂ	ㄴ	ㄷ	.	
❺	즐		ㄷ	ㄴ	ㅇ	ㄹ	.		
❻	ㅈ	ㅁ	ㅎ	ㅅ		ㄱ	ㄹ	.	
❼	ㅇㅂ	흑	ㅇㄹ		축	ㅎ	ㅎ	.	
❽	흑	ㄱ		ㄷ	ㄴ	ㅆ	ㅂ	ㄴ	ㄷ	.
❾	즐		ㅈ	ㅆ	ㄴ	?			
❿	ㄴ	ㅇㄹ		ㅂ	ㅈ	.			

② 알맞은 자음을 써넣어 보세요.

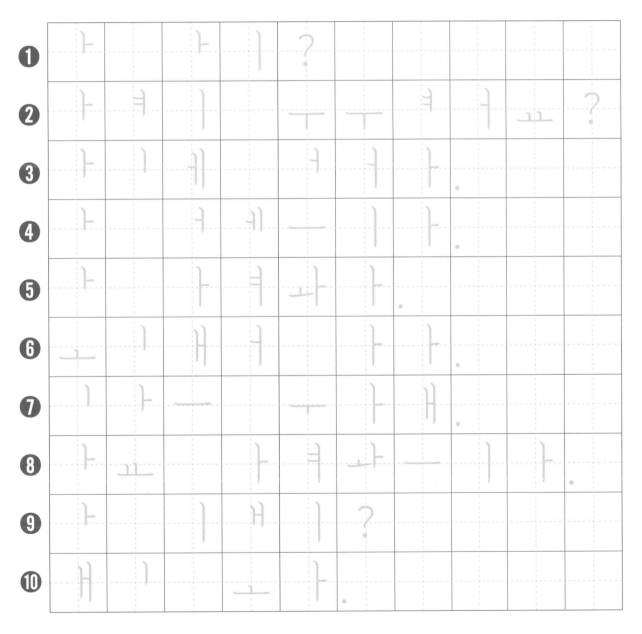

③ 문장을 써 보세요.

❶	잘		잤	니	?					
❷	안	녕	히		주	무	셨	어	요	?
❸	맛	있	게		먹	어	라	.		
❹	잘		먹	겠	습	니	다	.		
❺	잘		다	녀	와	라	.			
❻	조	심	해	서		가	라	.		
❼	입	학	을		축	하	해	.		
❽	학	교		다	녀	왔	습	니	다	.
❾	잘		지	냈	니	?				
❿	내	일		보	자	.				

글씨를 쓰면서 입으로
따라 읽으면
더 잘 기억할 수 있어.

86

➜ 실전 받아쓰기! 불러 주는 말을 잘 듣고 빈칸에 받아써 봅시다.

❶

❷

❸

❹

❺

❻

❼

❽

❾

❿

스스로 점검해 봅시다.

▪ 맞춤법에 맞게 썼나요?⋯⋯⋯⋯⋯ ☐   ▪ 다른 사람이 잘 알아볼 수 있게
또박또박 썼나요?⋯⋯⋯⋯⋯⋯⋯⋯ ☐
▪ 모음과 자음을 바르게 썼나요?⋯⋯ ☐

낱말 개인화: 낱말을 내 것으로 만들어요.

➜ 빈칸에 들어갈 알맞은 인사말을 써 봅시다.

① 꼬미야, 잘 잤니?

안녕히 ⬚⬚⬚⬚⬚⬚⬚ ?

② 토리야, 맛있게 먹어라.

잘 ⬚⬚⬚⬚⬚⬚⬚ .

③ 꼬미야, 나 오늘 아파서 못 놀아.

오늘은 푹 쉬고, ⬚⬚⬚ ⬚⬚⬚ .

STEP 5 · 문장 개인화: 문장을 내 것으로 만들어요.

➡ 받아쓰기 10급에서 연습한 낱말을 사용하여 문장을 만들어 봅시다.

보기

자다, 안녕, 다녀오다, 조심, 입학, 내일, 보다

① 아래 문장을 소리 내어 읽고, 〈보기〉의 어떤 낱말이 쓰였는지 ○ 하세요.

내	일	은		동	생	이		입
학	하	는		날	이	다	.	

② 바르게 따라 써 보세요.

내	일	은		동	생	이		입
학	하	는		날	이	다	.	

③ 〈보기〉의 낱말을 2개 이상 넣어 짧은 글을 써 보세요.

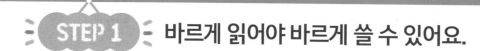

STEP 1 바르게 읽어야 바르게 쓸 수 있어요.

➜ 빨간색 글자의 발음에 주의하며 낱말과 문장을 따라 읽어 봅시다.
불러 주는 말을 들으며 또박또박 따라 읽으세요. 발음, 띄어 읽기, 억양까지
똑같이 읽으려고 노력하세요. 여러분의 읽기 실력이 쑥쑥 자라날 거예요.

음성 듣기

① 준비물이 뭐야?

② 손수건과 줄넘기

③ 필통과 연필

④ 책과 화분

⑤ 무엇을 줄까?

⑥ 여기요.

⑦ 이거 주세요.

⑧ 우체국 가는 길

⑨ 놀이터에서 만나요.

⑩ 소방서를 지나가요.

STEP 2 ː 낱말을 정확히 알아야 나중에 또 만나도 기억할 수 있어요.

➜ 낱말의 뜻을 알아봅시다.

- 준비물

STEP 3 뜻을 생각하며, 낱말과 문장을 익혀 보아요.

➜ 글씨를 쓰는 순서와 글자의 모양에 유의하며 써 봅시다.

① 알맞은 모음을 써넣어 보세요.

② 알맞은 자음을 써넣어 보세요.

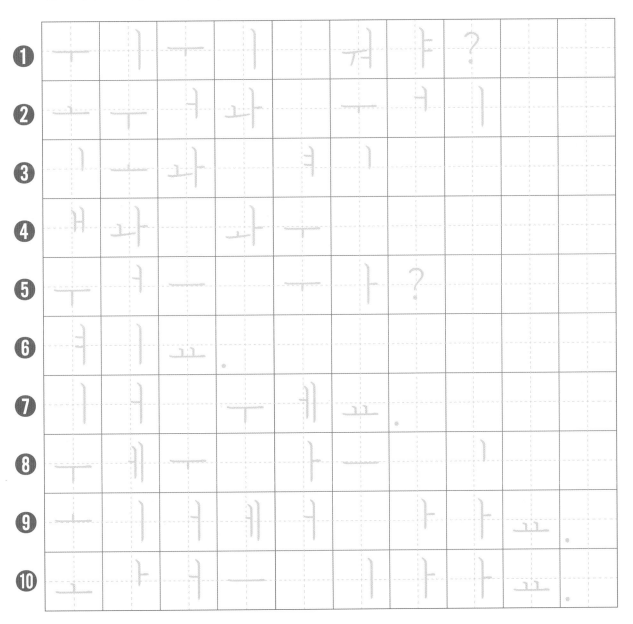

③ 낱말과 문장을 써 보세요.

①	준	비	물	이		뭐	야	?		
②	손	수	건	과		줄	넘	기		
③	필	통	과		연	필				
④	책	과		화	분					
⑤	무	엇	을		줄	까	?			
⑥	여	기	요	.						
⑦	이	거		주	세	요	.			
⑧	우	체	국		가	는		길		
⑨	놀	이	터	에	서		만	나	요	.
⑩	소	방	서	를		지	나	가	요	.

자세를 바르게 하면
글씨도 바르게 쓸 수 있어.
허리와 가슴을 쭉 펴고
앉아서 써 보자.

음성 듣기

➜ 실전 받아쓰기! 불러 주는 말을 잘 듣고 빈칸에 받아써 봅시다.

❶

❷

❸

❹

❺

❻

❼

❽

❾

❿

스스로 점검해 봅시다. ✏️

▪ 맞춤법에 맞게 썼나요?⋯⋯⋯⋯⋯⋯ ☐   ▪ 다른 사람이 잘 알아볼 수 있게
                                              또박또박 썼나요?⋯⋯⋯⋯⋯⋯⋯⋯ ☐
▪ 모음과 자음을 바르게 썼나요?⋯⋯ ☐

낱말 개인화: 낱말을 내 것으로 만들어요.

➜ 마을 지도를 보고 우리 집에서 학교까지 가는 길을 선으로 표시해 봅시다.
가는 길에 있는 우체국, 놀이터, 소방서를 찾아 ○ 하세요.

문장 개인화: 문장을 내 것으로 만들어요.

➜ 받아쓰기 11급에서 연습한 낱말을 사용하여 문장을 만들어 봅시다.

보기

준비물, 손수건, 줄넘기, 연필, 책, 우체국, 놀이터, 소방서

① 아래 문장을 소리 내어 읽고, 〈보기〉의 어떤 낱말이 쓰였는지 ◯ 하세요.

	놀	이	터	에	서		줄	넘	기
를		잃 어	어	버	렸	다	.		

② 바르게 따라 써 보세요.

	놀	이	터	에	서		줄	넘	기
를		잃 어	어	버	렸	다	.		

③ 〈보기〉의 낱말을 2개 이상 넣어 짧은 글을 써 보세요.

 바르게 읽어야 바르게 쓸 수 있어요.

→ 빨간색 글자의 발음에 주의하며 문장을 따라 읽어 봅시다.
불러 주는 말을 들으며 또박또박 따라 읽으세요. 발음, 띄어 읽기, 억양까지
똑같이 읽으려고 노력하세요. 여러분의 읽기 실력이 쑥쑥 자라날 거예요.

음성 듣기

❶	세	수	를		합	니	다	.		
❷	잠	을		잡	니	다	.			
❸	책	을		읽	습	니	다	.		
❹	꼬	리	를		흔	듭	니	다	.	
❺	물	을		마	십	니	다	.		
❻	밥	을		먹	습	니	다	.		
❼	이	를		닦	습	니	다	.		
❽	악	어	가		공	을		찹	니	다	.
❾	곰	이		북	을		칩	니	다	.	
❿	사	자	가		춤	을		춥	니	다	.

STEP 2 낱말을 정확히 알아야 나중에 또 만나도 기억할 수 있어요.

➜ 낱말의 뜻을 알아봅시다.

• 세수

STEP 3 　뜻을 생각하며, 낱말과 문장을 익혀 보아요.

➜ 글씨를 쓰는 순서와 글자의 모양에 유의하며 써 봅시다.

① 알맞은 모음을 써넣어 보세요.

② 알맞은 자음을 써넣어 보세요.

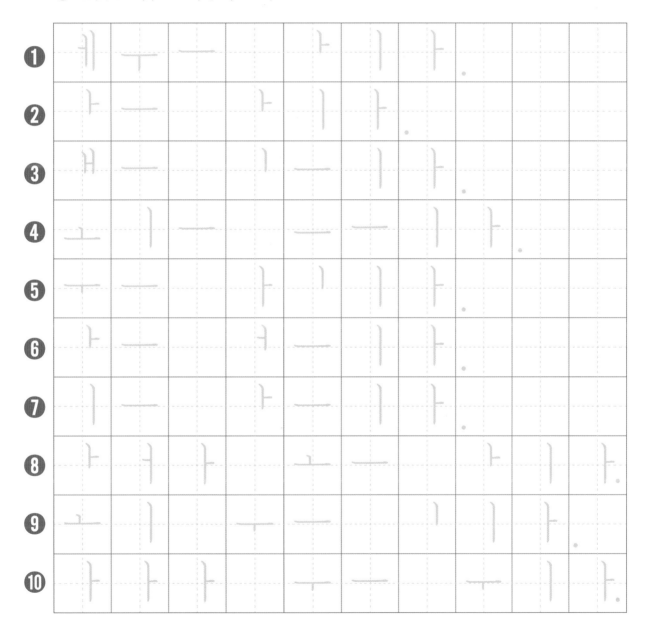

③ 문장을 써 보세요.

❶ 세수를 합니다.
❷ 잠을 잡니다.
❸ 책을 읽습니다.
❹ 꼬리를 흔듭니다.
❺ 물을 마십니다.
❻ 밥을 먹습니다.
❼ 이를 닦습니다.
❽ 악어가 공을 찹니다.
❾ 곰이 북을 칩니다.
❿ 사자가 춤을 춥니다.

글씨를 쓰면서 입으로
따라 읽으면
더 잘 기억할 수 있어.

음성 듣기

➜ 실전 받아쓰기! 불러 주는 말을 잘 듣고 빈칸에 받아써 봅시다.

❶

❷

❸

❹

❺

❻

❼

❽

❾

❿

<u>스스로 점검해 봅시다.</u>

▪ 맞춤법에 맞게 썼나요?⸺⸺⸺⸺⸺ ☐   ▪ 다른 사람이 잘 알아볼 수 있게
또박또박 썼나요?⸺⸺⸺⸺⸺ ☐

▪ 모음과 자음을 바르게 썼나요?⸺⸺⸺ ☐

낱말 개인화: 낱말을 내 것으로 만들어요.

➜ 그림을 보고 빈칸에 들어갈 말로 알맞은 것을 골라 ○ 해 봅시다.

① 악어가 공을 (   ).

칩니다 / 춥니다 / 찹니다 / 부릅니다

② 원숭이가 (   ) 칩니다.

노래를 / 북을 / 밥을 / 꽃을

③ 사자가 춤을 (   ).

칩니다 / 춥니다 / 찹니다 / 부릅니다

STEP 5 문장 개인화: 문장을 내 것으로 만들어요.

➡ 받아쓰기 12급에서 연습한 낱말을 사용하여 문장을 만들어 봅시다.

보기

세수, 잠, 책, 꼬리, 물, 밥, 공, 춤,
자다, 읽다, 흔들다, 마시다, 먹다, 차다, 추다

① 아래 문장을 소리 내어 읽고, <보기>의 어떤 낱말이 쓰였는지 ○ 하세요.

악	어	가		꼬	리	를		흔
드	니		물	이		튀	었	다.

② 바르게 따라 써 보세요.

악	어	가		꼬	리	를		흔
드	니		물	이		튀	었	다.

③ <보기>의 낱말을 2개 이상 넣어 짧은 글을 써 보세요.

STEP 1 바르게 읽어야 바르게 쓸 수 있어요.

➜ 빨간색 글자의 발음에 주의하며 낱말과 문장을 따라 읽어 봅시다.
불러 주는 말을 들으며 또박또박 따라 읽으세요. 발음, 띄어 읽기, 억양까지
똑같이 읽으려고 노력하세요. 여러분의 읽기 실력이 쑥쑥 자라날 거예요.

음성 듣기

① 소리 내어 읽어요.

② 아이가 아파요.

③ 어서 들어가자.

④ 문장 부호의 이름

⑤ 쉼표와 느낌표

⑥ 마침표와 물음표

⑦ 부르는 말

⑧ 대답하는 말

⑨ 설명하는 문장

⑩ 묻는 문장

낱말을 정확히 알아야 나중에 또 만나도 기억할 수 있어요.

➜ 낱말의 뜻을 알아봅시다.

• 문장 부호 • 물음표 • 느낌표

뜻을 생각하며, 낱말과 문장을 익혀 보아요.

➡ 글씨를 쓰는 순서와 글자의 모양에 유의하며 써 봅시다.

① 알맞은 모음을 써넣어 보세요.

❶	ㅅ	ㄹ		ㄴ	ㅇ		읽	ㅇ	ㅇ	.
❷	ㅇ	ㅇ	ㄱ		ㅇ	ㅍ	ㅇ		.	
❸	ㅇ	ㅅ		들	ㅇ	ㄱ	ㅈ		.	
❹	믄	징		ㅂ	ㅎ	ㅇ		ㅇ	름	
❺	슴	ㅍ	ㅇ		ㄴ	껌	ㅍ			
❻	ㅁ	침	ㅍ	ㅇ		믈	ㅇ	ㅍ		
❼	ㅂ	ㄹ	ㄴ		믈					
❽	ㄷ	덥	ㅎ	ㄴ		믈				
❾	실	믕	ㅎ	ㄴ		믄	징			
❿	믄	ㄴ		믄	징					

② 알맞은 자음을 써넣어 보세요.

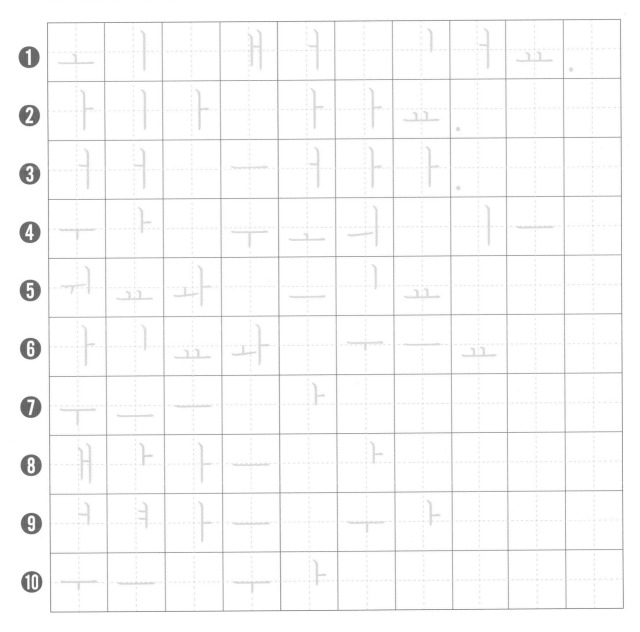

③ 낱말과 문장을 써 보세요.

❶ 소	리		내	어		읽	어	요 .
❷ 아	이	가		아	파	요	.
❸ 어	서		들	어	가	자	.
❹ 문	장		부	호	의		이	름
❺ 쉼	표	와		느	낌	표
❻ 마	침	표	와		물	음	표
❼ 부	르	는		말
❽ 대	답	하	는		말
❾ 설	명	하	는		문	장
❿ 묻	는		문	장

자세를 바르게 하면
글씨도 바르게 쓸 수 있어.
허리와 가슴을 쭉 펴고
앉아서 써 보자.

음성 듣기

➜ 실전 받아쓰기! 불러 주는 말을 잘 듣고 빈칸에 받아써 봅시다.

❶

❷

❸

❹

❺

❻

❼

❽

❾

❿

스스로 점검해 봅시다. ✏

• 맞춤법에 맞게 썼나요?·············· □

• 모음과 자음을 바르게 썼나요?········· □

• 다른 사람이 잘 알아볼 수 있게
  또박또박 썼나요?·············· □

낱말 개인화: 낱말을 내 것으로 만들어요.

➜ 문장 부호에 알맞는 이름과 쓰임을 선으로 연결해 봅시다.

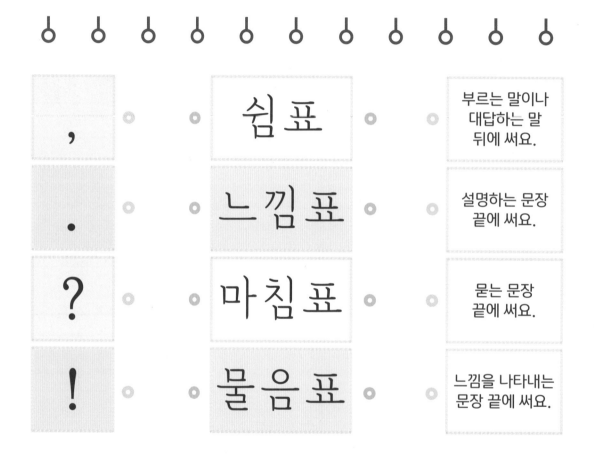

,	쉼표	부르는 말이나 대답하는 말 뒤에 써요.
.	느낌표	설명하는 문장 끝에 써요.
?	마침표	묻는 문장 끝에 써요.
!	물음표	느낌을 나타내는 문장 끝에 써요.

문장 개인화: 문장을 내 것으로 만들어요.

➡ 받아쓰기 13급에서 연습한 낱말을 사용하여 문장을 만들어 봅시다.

보기

소리, 문장 부호, 쉼표, 느낌표, 마침표, 물음표,
부르는 말, 대답하는 말, 설명하는 문장, 묻는 문장

① 아래 문장을 소리 내어 읽고, 〈보기〉의 어떤 낱말이 쓰였는지 ◯ 하세요.

	마	침	표	는		설	명	하	는
문	장		끝	에		씁	니	다	.

② 바르게 따라 써 보세요.

	마	침	표	는		설	명	하	는
문	장		끝	에		씁	니	다	.

③ 〈보기〉의 낱말을 2개 이상 넣어 짧은 글을 써 보세요.

STEP 1 바르게 읽어야 바르게 쓸 수 있어요.

→ 빨간색 글자의 발음에 주의하며 문장을 따라 읽어 봅시다.
불러 주는 말을 들으며 또박또박 따라 읽으세요. 발음, 띄어 읽기, 억양까지
똑같이 읽으려고 노력하세요. 여러분의 읽기 실력이 쑥쑥 자라날 거예요.

음성 듣기

❶	여	기		계	셨	군	요	.		
❷	그	게		정	말	이	냐	?		
❸	잘	되	었	구	나	!				
❹	전	해		드	려	라	.			
❺	강	아	지	가		생	겼	어	요	.
❻	입	김	을		불	었	어	요	.	
❼	옷	을		여	며	야	겠	군	.	
❽	어	떻	게		하	지	요	?		
❾	정	말		그	럴	까	?			
❿	날	씨	가		추	워	졌	지	?	

STEP 2 · 낱말을 정확히 알아야 나중에 또 만나도 기억할 수 있어요.

➡ 낱말의 뜻을 알아봅시다.

• 입김 • 여미다

STEP 3 ≥ 뜻을 생각하며, 낱말과 문장을 익혀 보아요.

➜ 글씨를 쓰는 순서와 글자의 모양에 유의하며 써 봅시다.

① 알맞은 모음을 써넣어 보세요.

❶	아	기		가	썼	른	아	.		
❷	기	가		정	말	아	니	?		
❸	줄	다	있	그	나	!				
❹	전	하		다	라	라	.			
❺	강	아	지	가		상	쩠	아	아	.
❻	입	김	을		불	있	아	아	.	
❼	옷	을		아	믐	아	쩠	른	.	
❽	아	뚱	기		흥	자	아	?		
❾	정	말		그	를	까	?			
❿	늘	썼	기		처	아	쩠	자	?	

② 알맞은 자음을 써넣어 보세요.

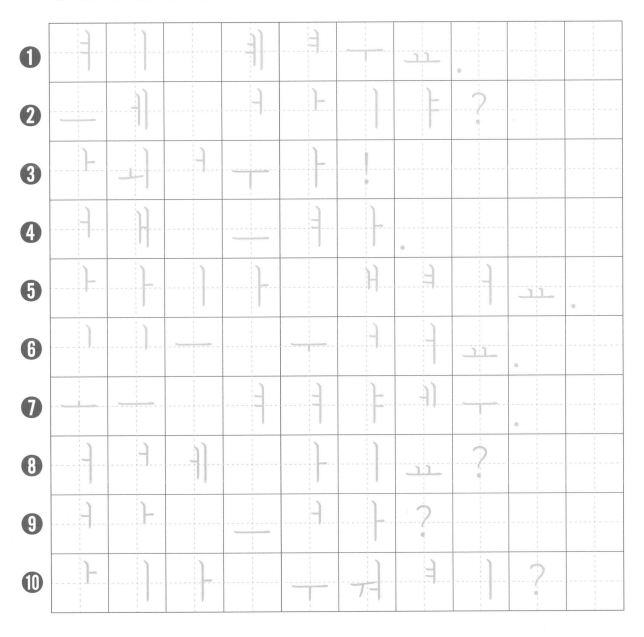

③ 문장을 써 보세요.

❶	여	기		계	셨	군	요	.		
❷	그	게		정	말	이	냐	?		
❸	잘	되	었	구	나	!				
❹	전	해		드	려	라	.			
❺	강	아	지	가		생	겼	어	요	.
❻	입	김	을		불	었	어	요	.	
❼	옷	을		여	며	야	겠	군	.	
❽	어	떻	게		하	지	요	?		
❾	정	말		그	럴	까	?			
❿	날	씨	가		추	워	졌	지	?	

글씨를 쓰면서 입으로
따라 읽으면
더 잘 기억할 수 있어.

118

➜ 실전 받아쓰기! 불러 주는 말을 잘 듣고 빈칸에 받아써 봅시다.

음성 듣기

①

②

③

④

⑤

⑥

⑦

⑧

⑨

⑩

스스로 점검해 봅시다.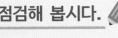

▪ 맞춤법에 맞게 썼나요? ⎯⎯⎯⎯ ☐   ▪ 다른 사람이 잘 알아볼 수 있게
                                      또박또박 썼나요? ⎯⎯⎯⎯⎯ ☐
▪ 모음과 자음을 바르게 썼나요? ⎯⎯ ☐

낱말 개인화: 낱말을 내 것으로 만들어요.

➜ 빈칸에 날씨를 그리고, 꼬미와 토리처럼 일일 기상 캐스터가 되어
날씨를 이야기해 봅시다.

오늘	내일	모레

오늘	내일	모레

날씨가 따뜻해지면서 나들이 가는 분들이
많습니다. 외출하기 전에 날씨를 꼭
알아야겠죠? 기상청에 나가 있는 토리 기자,
날씨 전해 주세요.

네, 토리입니다.
내일은 흐리고, 모레는
전국에 비 소식이 있습니다.
우산을 준비하시기
바랍니다.

➜ 받아쓰기 14급에서 연습한 낱말을 사용하여 문장을 만들어 봅시다.

보기

여기, 정말, 강아지, 입김, 옷, 어떻게, 날씨,
계시다, 전하다, 불다, 여미다, 춥다

① 아래 문장을 소리 내어 읽고, 〈보기〉의 어떤 낱말이 쓰였는지 ○ 하세요.

추	워	서		꽁	꽁		언
손	에		입	김	을		불	었	다.

② 바르게 따라 써 보세요.

추	워	서		꽁	꽁		언
손	에		입	김	을		불	었	다.

③ 〈보기〉의 낱말을 2개 이상 넣어 짧은 글을 써 보세요.

STEP 1 바르게 읽어야 바르게 쓸 수 있어요.

➡ 빨간색 글자의 발음에 주의하며 낱말과 문장을 따라 읽어 봅시다.
불러 주는 말을 들으며 또박또박 따라 읽으세요. 발음, 띄어 읽기, 억양까지
똑같이 읽으려고 노력하세요. 여러분의 읽기 실력이 쑥쑥 자라날 거예요.

음성 듣기

❶	기	억	에		남	는		일	
❷	늦	잠		잔		일			
❸	어	제		있	었	던		일	
❹	잔	치	를		하	는		모	습
❺	바	람	이		시	원	한		날
❻	맛	있	게		먹	었	다	.	
❼	선	생	님	을		만	났	다	.
❽	찰	흙	으	로		만	들	었	다	.
❾	숙	제	를		하	고		잤	다	.
❿	아	침	에		비	가		왔	다	.

STEP 2 낱말을 정확히 알아야 나중에 또 만나도 기억할 수 있어요.

➡ 낱말의 뜻을 알아봅시다.

• 숙제 • 기억 • 찰흙

토리야, 그림일기 숙제 마쳤어?

나 어제 깜박하고 그냥 잤어. 그래서 지금 하고 있는데 어제 뭐 했는지 기억이 안 나~.

토리야, 어제 찰흙으로 공룡 만든 거 기억나?

아, 생각났다! 넌 강아지 만들었지?

STEP 3 뜻을 생각하며, 낱말과 문장을 익혀 보아요.

➜ 글씨를 쓰는 순서와 글자의 모양에 유의하며 써 봅시다.

① 알맞은 모음을 써넣어 보세요.

124

② 알맞은 자음을 써넣어 보세요.

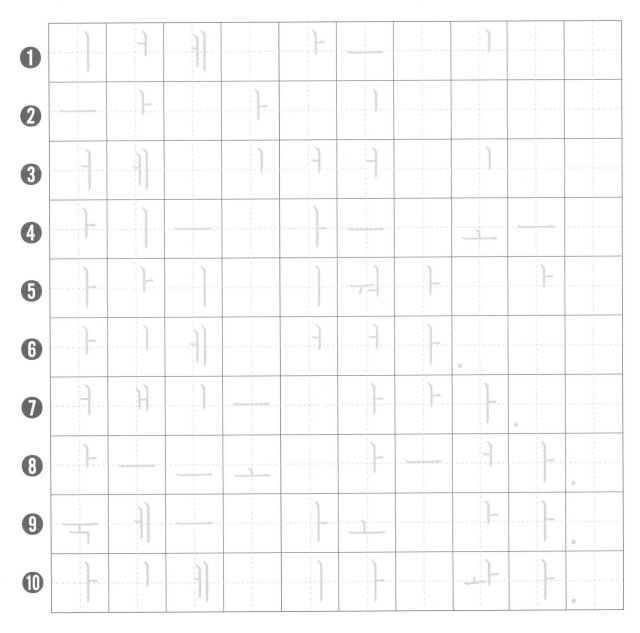

③ 낱말과 문장을 써 보세요.

❶ 기	억	에	남	는	일
❷ 늦	잠	잔	일		
❸ 어	제	있	었	던	일
❹ 잔	치	를	하	는	모 습
❺ 바	람	이	시	원 한	날
❻ 맛	있	게	먹	었	다.
❼ 선	생	님	을	만	났 다.
❽ 찰	흙	으	로	만	들 었 다.
❾ 숙	제	를	하	고	잤 다.
❿ 아	침	에	비	가	왔 다.

자세를 바르게 하면
글씨도 바르게 쓸 수 있어.
허리와 가슴을 쭉 펴고
앉아서 써 보자.

➜ 실전 받아쓰기! 불러 주는 말을 잘 듣고 빈칸에 받아써 봅시다.

❶

❷

❸

❹

❺

❻

❼

❽

❾

❿

스스로 점검해 봅시다. ✏

▪ 맞춤법에 맞게 썼나요? ········· ☐

▪ 모음과 자음을 바르게 썼나요? ········· ☐

▪ 다른 사람이 잘 알아볼 수 있게
또박또박 썼나요? ········· ☐

STEP 4 낱말 개인화: 낱말을 내 것으로 만들어요.

➜ 즐거운 잔칫날 꼬미, 토리, 디노 선생님이 모였어요. 빈 접시에 그림을 그려 넣어 잔칫상을 차려 봅시다.

잔치는 기쁜 일이 있을 때에
음식을 차려 놓고
여러 사람이 모여 즐기는 일이랍니다.

문장 개인화: 문장을 내 것으로 만들어요.

➜ 받아쓰기 15급에서 연습한 낱말을 사용하여 문장을 만들어 봅시다.

보기

기억, 늦잠, 잔치, 바람, 찰흙, 숙제,
남다, 자다, 먹다, 만나다, 만들다, 오다

① 아래 문장을 소리 내어 읽고, 〈보기〉의 어떤 낱말이 쓰였는지 ◯ 하세요.

	찰	흙	으	로		그	릇	을	
만	들	었	다	.					

② 바르게 따라 써 보세요.

	찰	흙	으	로		그	릇	을	
만	들	었	다	.					

③ 〈보기〉의 낱말을 2개 이상 넣어 짧은 글을 써 보세요.

 **1급** 17쪽

보기
나, 너, 우리, 친구, 아기, 가족, 선생님, 아버지, 어머니

① 아래 문장을 소리 내어 읽고, <보기>의 어떤 낱말이 쓰였는지 ◯ 하세요.

⟨나⟩	는		친	절	한		⟨우	리⟩
⟨선	생	님⟩	이		참		좋	다	.

 **2급** 25쪽

보기
거미, 나무, 나비, 참새, 제비, 구두, 모자, 바지, 지우개, 바구니

① 아래 문장을 소리 내어 읽고, <보기>의 어떤 낱말이 쓰였는지 ◯ 하세요.

⟨거	미⟩	가		⟨나	무⟩	에		매
달	려		있	다	.			

 **3급** 33쪽

보기
가지, 레몬, 모과, 사과, 앵두, 자두, 참외, 딸기, 도토리, 복숭아

① 아래 문장을 소리 내어 읽고, <보기>의 어떤 낱말이 쓰였는지 ◯ 하세요.

⟨레	몬⟩	과		⟨자	두⟩	를		떠
올	리	니		침	이		고	인	다	.

 **4급** 40쪽

보기
바지, 치마, 저고리, 주머니

 **4급** 41쪽

보기
포도, 호박, 토마토, 바지, 치마, 저고리, 호수, 주머니, 고라니

① 아래 문장을 소리 내어 읽고, <보기>의 어떤 낱말이 쓰였는지 ◯ 하세요.

콩	쥐	가		⟨주	머	니⟩	에
⟨포	도⟩	를		넣	었	어	요	.

5급 49쪽

보기

파, 무, 오이, 고구마, 도라지, 바나나, 하마, 원숭이, 소고, 이름

① 아래 문장을 소리 내어 읽고, 〈보기〉의 어떤 낱말이 쓰였는지 ◯ 하세요.

내	일		소	고	에		이	름
을		써	서		가	져	오	세	요	.

6급 57쪽

보기

기차, 구름, 오리, 사자, 여우, 토끼, 자라, 너구리, 오소리, 두꺼비

① 아래 문장을 소리 내어 읽고, 〈보기〉의 어떤 낱말이 쓰였는지 ◯ 하세요.

	자	라	는		토	끼	를		데
리	고		갔	어	요	.			

7급 65쪽

보기

같이, 손뼉, 즐겁게, 노래, 도시, 두루미, 우유, 고추, 병아리

① 아래 문장을 소리 내어 읽고, 〈보기〉의 어떤 낱말이 쓰였는지 ◯ 하세요.

	노	래		박	자	에		맞	추
어		손	뼉	을		쳤	다	.	

8급 72쪽

보기

머리, 이마, 허리, 코, 손

8급 73쪽

보기

머리, 이마, 허리, 코, 어둡다, 치과, 아프다, 알맞다, 읽다

① 아래 문장을 소리 내어 읽고, 〈보기〉의 어떤 낱말이 쓰였는지 ◯ 하세요.

	머	리	가		아	파	서		병
원	에		갔	다	.				

※ '아프다'는 '아파서'의 기본이 되는 형태예요.

9급 80쪽

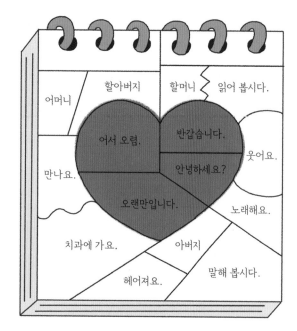

어머니 / 할아버지 / 할머니 / 읽어 봅시다.
어서 오렴. / 반갑습니다. / 웃어요.
만나요. / 안녕하세요?
오랜만입니다. / 노래해요.
치과에 가요. / 아버지
헤어져요. / 말해 봅시다.

9급 81쪽

보기

오랜만, 반갑다, 어서, 할아버지, 할머니, 건강하다, 헤어지다

① 아래 문장을 소리 내어 읽고, 〈보기〉의 어떤 낱말이 쓰였는지 ◯ 하세요.

| 오 | 랜 | 만 | 에 | | 친 | 구 | 를 | |
| 만 | 나 | 서 | | 반 | 가 | 웠 | 다 | . |

※ '반갑다'는 '반가웠다'의 기본이 되는 형태예요.

10급 88쪽

① 꼬미야, 잘 잤니?

안녕히 주무셨어요?

② 토리야, 맛있게 먹어라.

잘 먹겠습니다.

③ 꼬미야, 나 오늘 아파서 못 놀아.

오늘은 푹 쉬고, 내일 보자.

※답안 예시

10급 89쪽

보기

자다, 안녕, 다녀오다, 조심, 입학, 내일, 보다

① 아래 문장을 소리 내어 읽고, 〈보기〉의 어떤 낱말이 쓰였는지 ◯ 하세요.

| 내 | 일 | 은 | | 동 | 생 | 이 | | 입 |
| 학 | 하 | 는 | | 날 | 이 | 다 | . | |

11급 96쪽

12급 104쪽

① 악어가 공을 (   ).

칩니다 / 춥니다 /(참니다)/ 부릅니다

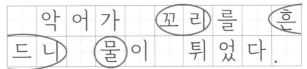

② 원숭이가 (   ) 칩니다.

노래를 (북을) 밥을 / 꽃을

③ 사자가 춤을 (   ).

칩니다 /(춥니다)/ 참니다 / 부릅니다

11급 97쪽

보기

준비물, 손수건, 줄넘기, 연필, 책, 우체국, 놀이터, 소방서

① 아래 문장을 소리 내어 읽고, 〈보기〉의 어떤 낱말이 쓰였는지 ◯ 하세요.

놀	이	터	에	서		줄	넘	기	
를		잃 어	버	렸	다	.			

12급 105쪽

보기

세수, 잠, 책, 꼬리, 물, 밥, 공, 춤,
자다, 읽다, 흔들다, 마시다, 먹다, 차다, 추다

① 아래 문장을 소리 내어 읽고, 〈보기〉의 어떤 낱말이 쓰였는지 ◯ 하세요.

악	어	가		꼬	리	를		흔
드	니		물	이		튀	었	다	.

※ '흔들다'는 '흔드니'의 기본이 되는 형태예요.

133

13급 112쪽

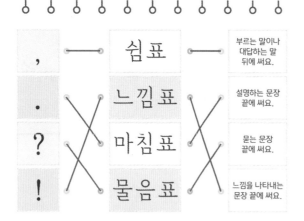

,	—	쉼표	—	부르는 말이나 대답하는 말 뒤에 써요.
.		느낌표		설명하는 문장 끝에 써요.
?		마침표		묻는 문장 끝에 써요.
!		물음표		느낌을 나타내는 문장 끝에 써요.

우리는 문장 부호 4총사~

14급 121쪽

보기
여기, 정말, 강아지, 입김, 옷, 어떻게, 날씨,
계시다, 전하다, 불다, 여미다, 춥다

① 아래 문장을 소리 내어 읽고, 〈보기〉의 어떤 낱말이 쓰였는지 ○ 하세요.

| (추 워 서) | | | 꽁 꽁 | | 언 |
| 손 에 | (입 김)을 | | (불 었 다) | |

※ '춥다'는 '추워서'의 기본이 되는 형태이고,
'불다'는 '불었다'의 기본이 되는 형태예요.

15급 129쪽

보기
기억, 늦잠, 잔치, 바람, 찰흙, 숙제,
남다, 자다, 먹다, 만나다, 만들다, 오다

① 아래 문장을 소리 내어 읽고, 〈보기〉의 어떤 낱말이 쓰였는지 ○ 하세요.

| (찰 흙)으 로 | | 그 릇 을 | |
| (만 들 었 다). | | | |

※ '만들다'는 '만들었다'의 기본이 되는 형태예요.

13급 113쪽

보기
소리, 문장 부호, 쉼표, 느낌표, 마침표, 물음표,
부르는 말, 대답하는 말, 설명하는 문장, 묻는 문장

① 아래 문장을 소리 내어 읽고, 〈보기〉의 어떤 낱말이 쓰였는지 ○ 하세요.

| (마 침 표)는 | | (설 명 하 는 | |
| 문 장) 끝 에 | | 씁 니 다. | |

다음에 또 만나요!

1-1 교과서와 친해지는
단원별 단계별 받아쓰기

2022년 01월 19일 초판 01쇄 인쇄
2022년 01월 25일 초판 01쇄 발행

글 윤희솔·박은주
그림 나인완

발행인 이규상   편집인 임현숙
편집팀장 김은영   책임편집 이수민
디자인팀 최희민 권지혜 두형주   마케팅팀 이성수 김별 김능연
경영관리팀 강현덕 김하나 이순복

펴낸곳 (주)백도씨
출판등록 제2012-000170호(2007년 6월 22일)
주소 03044 서울시 종로구 효자로7길 23, 3층(통의동 7-33)
전화 02 3443 0311(편집) 02 3012 0117(마케팅) 팩스 02 3012 3010
이메일 book@100doci.com(편집·원고 투고) valva@100doci.com(유통·사업 제휴)
포스트 post.naver.com/100doci   블로그 blog.naver.com/100doci   인스타그램 @growing__i

ISBN 978-89-6833-360-6 64710
ISBN 978-89-6833-359-0 64710 (세트)
ⓒ 윤희솔·박은주, 2022, Printed in Korea

제조국 대한민국
사용연령 6세 이상